Este libro es presentado a:

Por:

Fecha / Ocasión:

Al adulto:

Los niños necesitan dos clases de lecturas: Necesitan que otros les lean y también leer ellos mismos. *La Biblia Óyeme Leer* le ayuda a animar a su niño a practicar ambas formas.

Por ejemplo, su niño puede leer este libro mientras están sentados juntos. Préstele atención. Si es necesario, ayúdelo amablemente. Anímelo, tenga paciencia con él y reaccione ante sus esfuerzos positivamente.

También, quizás, le gustaría compartir con el niño el pasaje bíblico que ha seleccionado usando una traducción o paráfrasis fácil de comprender.

Al comienzo de cada historia en *La Biblia Óyeme Leer*, hemos agregado unas pocas palabras de ánimo para ayudarle a usted en la enseñanza de los conceptos bíblicos a su hijo.

Al usar las dos formas de lectura su hijo tiene la oportunidad de desarrollar nuevas habilidades y tener confianza en la lectura. Usted lo apoya y participa en el entusiasmo del niño.

Como madre y maestra, anticipo el gozo que su niño sentirá al decir: "¡Óyeme leer historias de la Biblia!"

Mary Manz Simon

La Biblia
Óyeme Leer

Por la Dra. Mary Manz Simon

Ilustrado por Dennis Jones

EDITORIAL CONCORDIA • SAINT LOUIS

Para Eldon Meyer,
mi corredor de
libros favorito.

Filipenses 1:3

Propiedad literaria © 2017 Editorial Concordia
3558 S. Jefferson Avenue, St. Louis, MO 63118-3968
1-800-325-3040 · editorial.cph.org

Escrito por Mary Manz Simon

Editorial Concordia es la división hispana de Concordia Publishing House

Impreso en China. Shenzhen, China/055760/411699

1 2 3 4 5 6 7 8 9 10 26 25 24 23 22 21 20 19 18 17

Contenido

¿Qué sucederá después?

Génesis 1–2 La creación

Los niños ven la creación de Dios de cerca. Esto es cierto, no porque los niños sean bajitos, sino porque ven el mundo tan claramente. Un niño se maravilla de que una hormiga lleve una carga pesada mientras nosotros buscamos el hormiguicida. Un día frío de invierno, un niño atrapa un copo de nieve mientras nosotros nos apoyamos pesadamente en la pala. Pero podemos despojarnos de nuestras experiencias de la vida y nuestro cinismo adulto, aunque sea por un momento, si miramos la creación con los ojos de un niño.

Lista de palabras

- ❑ a
- ❑ el
- ❑ es
- ❑ lo
- ❑ va
- ❑ ve
- ❑ día
- ❑ que
- ❑ qué
- ❑ Dios
- ❑ éste
- ❑ esto
- ❑ hizo

¿Qué va a suceder?

Ve lo que Dios hizo.

Esto es bueno.
Éste es el primer día.

Dios hizo esto.

Esto es bueno.
Éste es el segundo día.
¿Qué sucederá después?

Ve lo que Dios hizo.
Esto es bueno.
Éste es el tercer día.

¿Qué sucederá después?

Mira.
Dios hizo esto.
Esto es bueno.
Éste es el cuarto día.

¿Qué sucederá después?

Ve lo que Dios hizo.

Esto es bueno.
Éste es el quinto día.
¿Qué sucederá después?

Mira.

Dios hizo esto.

Esto es bueno.
Éste es el sexto día.

Ve lo que Dios hizo.

Esto es bueno.
Éste es el séptimo día.

Esto es bueno.

Plip Plop

Génesis 6–8 El diluvio

Los números que hay en esta historia son extraordinarios: Noé tenía 600 años cuando comenzó el diluvio. El arca era tan alta como un edificio de cuatro o cinco pisos. Llovió por cuarenta días y cuarenta noches. Aunque los números nos impresionen, probablemente no impresionarán a su hijo. Puede que su hijo haga preguntas como: "¿Tenía Noé una culebra y una cobra en el arca? ¿Los elefantes dormían parados?" Tales preguntas no reflejan obviamente el tema principal de la historia, que Noé obedeció a Dios. Pero la pregunta de un niño no sólo puede comenzar una conversación importante, sino que da una idea del nivel de entendimiento del niño.

Lista de palabras

- ❑ a
- ❑ de
- ❑ el
- ❑ la
- ❑ le
- ❑ te
- ❑ un
- ❑ era
- ❑ Noé
- ❑ que
- ❑ una
- ❑ dijo
- ❑ Dios
- ❑ mira
- ❑ plip
- ❑ plop
- ❑ toda
- ❑ barco
- ❑ jamás
- ❑ tanto
- ❑ grande
- ❑ llueva
- ❑ lluvia
- ❑ causaré
- ❑ enviaré

Mira a Noé.

Noé era el ayudante de Dios.

Dios le dijo a Noé:
“Fabrica un barco.
Fabrica un barco
grande.”

Dios dijo: "Te prometo que
enviaré una lluvia grande."
¡Apúrate, Noé! ¡Apúrate!

Plip, plop.

¡Apúrate, Noé! ¡Apúrate!

Fabrica un barco grande.

Plip, plop.

Plip, plop.

Plip, plop, ¡salpica!

Noé era el ayudante de Dios.

Plip, plop.

Plip, plop.

Plip, plop, ¡salpica!

Mira a Noé fabricar un barco.
Mira a Noé fabricar
un barco grande.

Plip, plop.

Plip, plop.

Plip, plop, ¡salpica!

¡Apúrate, Noé! ¡Apúrate!

¡Salpica, salpica!

Mira el barco grande.

Mira toda la lluvia.

Dios dijo: “Prometo que jamás causaré que llueva tanto.”

“Mira”, dijo Noé.

"Mira la promesa de Dios."

¡Ay, qué lío!

Génesis: 11:1–9 La torre de Babel

Los infantes balbucean, pero los bebés mayores y los preescolares a menudo chacharean cuando componen palabras usando sílabas sin sentido a medida que van experimentando con la combinación de sonidos. Las conversaciones entre los hombres de Babel deben haber sonado como balbuceos de bebé. Para darle a su hijo una perspectiva diferente de esta historia bíblica háblele en otro idioma o diga cosas sin sentido. Éste es un tiempo propicio para recordarle a su hijo que Dios entiende las oraciones de todos, sin importar el idioma.

Lista de palabras

❏ a	❏ dirá	❏ ladrillo
❏ de	❏ miró	❏ nosotros
❏ es	❏ hacia	❏ chachareó
❏ la	❏ gente	❏ confundió
❏ lo	❏ somos	❏ construir
❏ no	❏ torre	❏ estupenda
❏ se	❏ vamos	❏ estupendo
❏ un	❏ arriba	❏ construyan
❏ que	❏ formen	❏ estupendos
❏ qué	❏ grande	
❏ una	❏ mirará	
❏ dijo	❏ olvidó	
❏ Dios	❏ cuezcan	

La gente dijo: "Nosotros somos estupendos. Nosotros somos una gente estupenda."

"Vamos a construir una torre.
Vamos a construir una torre
grande."

“La gente mirará la torre.
La gente dirá que somos
estupendos.”

Formen un ladrillo.
Cuezcan un ladrillo.
Construyan la torre.

La gente miró la torre.
¡Qué torre!
¡Hacia arriba! ¡Hacia arriba!

Formen un ladrillo.
Cuezcan un ladrillo.
Construyan la torre.

La gente miró la torre.

¡Qué torre!

¡Hacia arriba! ¡Hacia arriba!

¡Hacia arriba!

Formen un ladrillo.
Cuezcan un ladrillo.
Construyan la torre.

La gente miró la torre.
¡Qué torre!
¡Hacia arriba! ¡Hacia arriba!
¡Hacia arriba!

Dios miró la torre.
Dios miró a la gente.

La gente dijo: “Nosotros somos
estupendos.”
La gente se olvidó de que Dios es
estupendo.

Dios confudió lo que la gente dijo.

La gente chachareó, chachareó.

La gente chachareó, chachareó,
chachareó.

La gente no dijo:
"Nosotros somos estupendos."

¡Dios es estupendo!

Esconde al nene

Éxodo 2:1–10
El nacimiento de Moisés

"Esconde al nene" tiene elementos que hacen de ésta una querida historia bíblica: un bebé, soldados, una princesa, intriga, y un final feliz. Un niño pequeño puede pensar: "Ésta es una linda historia." Y lo es. Años más tarde, su hijo entenderá que esta historia del bebé en una cesta es parte del increíble plan de Dios para Moisés y el pueblo de Israel. Compartir esta historia a una edad temprana le provee a su hijo un ladrillo para la construcción de su futuro crecimiento espiritual.

Lista de palabras

- ❑ al
- ❑ oh
- ❑ te
- ❑ un
- ❑ los
- ❑ Dios
- ❑ nene
- ❑ niño
- ❑ puedes
- ❑ cuidar
- ❑ duerme
- ❑ vienen
- ❑ cállate
- ❑ cuidará
- ❑ esconde
- ❑ soldados

¡Oh, un nene!

Cállate, nene, cállate.

Duerme, niño, duerme.
Dios te cuidará.

¡Oh, los soldados vienen!
Los soldados vienen.

Esconde al nene.
Cállate, nene, cállate.

Duerme, niño, duerme.
Dios te cuidará.

¡Oh, los soldados vienen!
Los soldados vienen.

Esconde al nene.
Cállate, nene, cállate.

Duerme, niño, duerme.
Dios te cuidará.

¡Oh, un nene!

Cállate, nene, cállate.

Cállate, nene, cállate.

¿Puedes cuidar al niño?

Cállate, nene, cállate.

Duerme, niño, duerme.
Dios te cuidará.

¡Tarará! ¡Tarará!

Josué 5:13–6:20 La caída de Jericó

"Mi papá es más grande que tu papá." Esta reflexión se escucha dondequiera hay niños jugando. La historia de Josué en Jericó presenta la afirmación definitiva, no solamente para un juego de niños, sino para la vida misma: "Mi Dios lo puede hacer todo." Dios puede. Eso es un hecho. Dios puede ayudarnos a ser más pacientes. Dios puede ayudarnos a ser padres más efectivos. Dios puede darnos paz al final de un día frenético. Como se le recuerda a su hijo en esta historia, Dios es todopoderoso. Esto era verdad mucho tiempo atrás, cuando vivía Josué, y es cierto hoy. Dios puede _____. Sólo llenen el espacio.

Lista de palabras

- ❑ a
- ❑ y
- ❑ de
- ❑ el
- ❑ las
- ❑ era
- ❑ sea
- ❑ vez
- ❑ cayó
- ❑ cómo
- ❑ dijo
- ❑ Dios
- ❑ otra
- ❑ puede
- ❑ tenía
- ❑ tiene
- ❑ Josué
- ❑ entrar
- ❑ grande
- ❑ Jericó
- ❑ pueblo
- ❑ tarará
- ❑ toquen
- ❑ cayeron
- ❑ grandes
- ❑ marchen
- ❑ paredes
- ❑ puertas
- ❑ desfilen
- ❑ alabado
- ❑ alrededor
- ❑ trompetas

Jericó era grande.

Jericó tenía paredes grandes.
Jericó tenía puertas grandes.
Jericó era grande.

Josué dijo a Dios:
"¿Cómo puede entrar el pueblo?
Jericó tiene paredes grandes.
Jericó tiene puertas grandes."

Dios dijo a Josué:

“El pueblo puede entrar.”

Dios dijo:

“Desfilen alrededor de Jericó.”

“Desfilen alrededor
de las paredes grandes.
Desfilen alrededor
de las puertas grandes.
Toquen las trompetas.”

Marchen 2–3–4.

Marchen 2–3–4.

¡Tarará!

¡Tarará!

Josué dijo a Dios:
“¿Cómo puede entrar el pueblo?”

Dios dijo a Josué:

“Desfilen alrededor de Jericó otra vez.
Desfilen alrededor
de las paredes grandes otra vez.
Desfilen alrededor
de las puertas grandes otra vez.
Toquen las trompetas otra vez.”

Marchen 2–3–4.
Marchen 2–3–4.
¡Tarará!
¡Tarará!

Dios dijo: “Otra vez.
Marchen y toquen.
Marchen y toquen.”

“Otra vez”, dijo Dios.
“Otra vez”, dijo Dios.

Marchen 2–3–4.
Marchen 2–3–4.

¡Tarará!

¡Tarará!

Las paredes cayeron.

Las puertas cayeron.
Jericó cayó.

¡Tarará!
¡Tarará!
¡Alabado sea Dios!

¡Bing!

1 Samuel 17:1–52 David y Goliat

Aunque la historia de David y Goliat se incluye a menudo en la lista favorita de un niño, la muerte de Goliat puede ser un desafío para padres que enseñan a resolver los problemas sin violencia. Después de todo, les enseñamos a nuestros hijos a no golpear. Los animamos a ser gentiles, sin embargo en esta historia David mata a Goliat. Cuando usted y su hijo conversen sobre esta historia concéntrense en otros aspectos que su hijo puede aprender: David era valiente. David confiaba en Dios. Dios le ayudó a David.

Lista de palabras

- ❑ a
- ❑ al
- ❑ el
- ❑ la
- ❑ me
- ❑ no
- ❑ un
- ❑ yo
- ❑ con
- ❑ era
- ❑ los
- ❑ una
- ❑ bing
- ❑ dijo
- ❑ Dios
- ❑ miró
- ❑ ayudó
- ❑ casco
- ❑ David
- ❑ decía
- ❑ quien
- ❑ tenía
- ❑ espada
- ❑ Goliat
- ❑ grande
- ❑ luchar
- ❑ ayudará
- ❑ ayudaré
- ❑ conmigo
- ❑ dijeron

Goliat era un soldado grande.

Goliat tenía una armadura.
Goliat tenía un casco.
Goliat tenía una espada.

Goliat provocaba a los soldados.
Goliat decía:
“¡Quién luchará conmigo?”

Los soldados miraban a Goliat.
Los soldados miraban la armadura.

Goliat los provocaba:

“¿Quién luchará conmigo?”

Los soldados miraban el casco.

Los soldados miraban la espada.

Los soldados dijeron:
"No. ¿Quién luchará con Goliat?"

David dijo:
“Yo lucharé con Goliat.”

Los soldados miraron a David.
David era pequeño.

Los soldados miraron a Goliat.
Goliat era grande.

Goliat tenía una
armadura.
Goliat tenía un casco.
Goliat tenía una espada.

David dijo:
"Yo lucharé con Goliat.
Dios me ayudará."

“Yo ayudaré”, dijo el soldado.
El soldado tenía una armadura.
El soldado tenía un casco.
El soldado tenía una espada.

David dijo: “No.
Dios me ayudará.
Dios me ayudará
a luchar con Goliat.”

Goliat miró al pequeño David.

David miró al grande Goliat.
David miró la armadura.
David miró el casco.
David miró la espada.

David dijo: “Dios me ayudó.

Dios me ayudó
a luchar con Goliat."

¡Oh! ¡Oh!

Jonás 1, 2, 3:1–3 Jonás y el pez

A menudo Jonás es parte de la lista de historias favoritas de la Biblia. Sin embargo, un niño de cinco años puede no considerar que la experiencia que Jonás tuvo en el vientre del pez era sucia, pegajosa, y maloliente. Pero éste no es el tema central de la historia. Lo importante debiera ser "obedecer a Dios". Cuando obedecemos las reglas de Dios, permanecemos seguros y nos alejamos del peligro. Ésta es la lección subyacente en esta historia. ¡Una lección para aprender a cualquier edad!

Lista de palabras

- ❑ a
- ❑ de
- ❑ ir
- ❑ la
- ❑ le
- ❑ lo
- ❑ mí
- ❑ no
- ❑ ¡Oh!
- ❑ iré
- ❑ que
- ❑ dijo
- ❑ dile
- ❑ Dios
- ❑ diré
- ❑ irme
- ❑ ahora
- ❑ gente
- ❑ Jonás
- ❑ lejos
- ❑ acerca
- ❑ ciudad

Dios dijo: "Ve.
Vete a la ciudad.
Vete a la ciudad ahora."

Dios dijo: “Dile a la gente acerca
de mí.
Dile a la gente que yo soy Dios.”

Jonás dijo: “Yo no quiero ir.
Yo no quiero ir a la ciudad.”

Jonás dijo: "Yo no voy a ir a
la ciudad.
Yo no voy a ir a la ciudad ahora."

Jonás dijo: "Me iré lejos de Dios."

¡Oh! ¡Oh!

Jonás dijo: “Yo no quería ir
a la ciudad.
Yo quería irme lejos de Dios.”

Jonás dijo: “Lo siento.
Siento que quise irme lejos de Dios.
Siento que no quise ir a la ciudad.”

¡Oh! ¡Oh!

Dios dijo: “Ve.
Vete a la ciudad.
Vete a la ciudad ahora.”

Dios dijo: “Dile a la gente
acerca de mí.
Dile a la gente que yo soy Dios.”

Jonás dijo: "Yo iré.
Yo iré ahora."

Jonás dijo: “Yo iré a la ciudad.
Yo le diré a la gente acerca
de Dios.”

Envía un nene

Lucas 1:5–25; 57–64
El nacimiento de Juan el Bautista

Como muchas parejas, Elisabet y Zacarías pasaron años orando por el don de un hijo. Cuando el hijo de ellos, Juan, finalmente nació, fue recibido en una familia que lo amó mucho. Usen esta historia bíblica como una oportunidad para hablarle a su hijo acerca de su infancia. Miren fotos o videos. Compare los zapatitos de bebé con los que usa ahora. Déjelo que use su mantita de bebé. Al recordar la experiencia del nacimiento, ambos tendrán presente la increíble bendición que es tener un niño.

Lista de palabras

- ❑ a
- ❑ y
- ❑ al
- ❑ de
- ❑ el
- ❑ no
- ❑ Oh
- ❑ sí
- ❑ tú
- ❑ un
- ❑ les
- ❑ por
- ❑ bebé
- ❑ creo
- ❑ dijo
- ❑ Dios
- ❑ Juan
- ❑ ángel
- ❑ crees
- ❑ envió
- ❑ habló
- ❑ oraron
- ❑ quiero
- ❑ enviará
- ❑ Elisabet
- ❑ entonces
- ❑ hablarás
- ❑ Zacarías

Elisabet dijo, “Quiero un bebé.”
Zacarías dijo, “Quiero un bebé.”

Elisabet y Zacarías
orarон a Dios.
Elisabet y Zacarías oraron a
Dios por un bebé.

Elisabet dijo:
"Quiero un bebé."

Zacarías dijo:
“Quiero un bebé.”

Elisabet y Zacarías oraron
a Dios.
Elisabet y Zacarías oraron
a Dios por un bebé.

¿Enviará Dios un bebé?

Elisabet y Zacarías oraron y
oraron.
¿Enviará Dios un bebé?

Dios envió a un ángel.

El ángel de Dios dijo:
"Dios les enviará un bebé. Dios les enviará al bebé Juan."

Zacarías dijo: "¿Oh?"

El ángel de Dios dijo:

"Tú no crees a Dios.
Tú no hablarás."

“Dios enviará un bebé.
Dios enviará al bebé Juan.

Entonces tú hablarás."

Dios envió un bebé.

Dios les envió al bebé Juan.

Zacarías habló.

Zacarías dijo: “Creo a Dios.
Sí, creo a Dios.”

Dios envió a un bebé.

Dios les envió al bebé Juan.

Una noche de paz

Lucas 2:8–20 La Navidad

Un niño pequeño a menudo imita el sonido de los animales del establo de Belén mientras arregla el pesebre debajo del árbol de Navidad, por lo tanto, pocos niños dirán que es una noche de paz. Pero sea que haya habido ruidos en el establo o no, las distracciones de las fiestas fácilmente nos pueden distraer del significado del nacimiento de Jesús. Sólo el mensaje de los ángeles se escucha nítidamente en medio del barullo: Jesús ha nacido. ¡Jesús ha nacido por ti!

Lista de palabras

- ❑ a
- ❑ cu
- ❑ de
- ❑ el
- ❑ ji
- ❑ jo
- ❑ baa
- ❑ las
- ❑ los
- ❑ paz
- ❑ una
- ❑ ver
- ❑ dijo
- ❑ mira
- ❑ ángel
- ❑ Jesús
- ❑ nació
- ❑ noche
- ❑ santa
- ❑ vayan

"Baa, baa", dijeron las ovejas.

"Cu, cu", dijeron las palomas.

"Ji, jo", dijo el burrito.

“Baa”, dijeron las ovejas.

“Cu”, dijeron las palomas.

“Ji, jo”, dijo el burrito.

Una noche de paz, una noche santa.

¡Mira! ¡Mira!

"¡Jesús nació!",

dijo el ángel.

"Jesús nació!"

"Vayan", dijo el ángel.

"Vayan a ver a Jesús."

“Baa, baa”, dijeron las ovejas.
“Cu, cu”, dijeron las palomas.
“Ji, jo”, dijo el burrito.

Una noche de paz.

Una noche santa.

“¿Jesús?”, dijo el pastor.

"Jesús."

"Mira a Jesús."

"¡Jesús!", dijo el pastor.

"Jesús nació."

“Baa, baa”, dijeron las ovejas.
“Cu, cu”, dijeron las palomas.
“Ji, jo”, dijo el burrito.
“Jesús nació”, dijo el pastor.

Una noche de paz, una noche santa.

Jesús nació.

Sigue esa estrella

Mateo 2:1–11
La visita de los magos

El viaje de los magos es un final dramático de la historia de Navidad. Si el clima lo permite, lean la historia afuera, durante la noche. O use una linterna para leer el texto, luego apunte la linterna al cielo raso después de leer la última página. Agregarle a las historias estos detalles, a menudo desata una conversación relacionada con la historia. Anime a su hijo a que hable acerca de lo que usted recién leyó. O haga preguntas que le ayuden a pensar más allá de las páginas de este libro. Por ejemplo: ¿Por qué sería divertido andar en camello? ¿Qué regalo le darías a Jesús?"

Lista de palabras

- ❑ a
- ❑ es
- ❑ esa
- ❑ ven
- ❑ ver
- ❑ ves
- ❑ está
- ❑ mira
- ❑ para
- ❑ dónde
- ❑ ellos
- ❑ Jesús
- ❑ sigue
- ❑ vamos
- ❑ seguir
- ❑ pacatás
- ❑ estrella
- ❑ centellear
- ❑ cabalgaron

Mira.
¿Ves esa estrella?

¿Ves esa estrella centellear?
Esa estrella es para Jesús.
Sigamos esa estrella.

Vamos a ver a Jesús.

Ellos cabalgaron.
Pacatás, pacatás.
Pacatás, pacatás.

¿Dónde está Jesús?

¿Ves esa estrella?

¿Ves esa estrella centellear?

Sigue esa estrella.
Ellos cabalgaron.
Pacatás, pacatás.
Pacatás, pacatás.

Esa estrella es para Jesús.

Vamos a seguir esa estrella.

Ellos cabalgaron.
Pacatás, pacatás.
Pacatás, pacatás.

Cabalgaron para ver a Jesús.

¡Esa estrella!
¡Esa estrella!

¿Dónde está Jesús?

Ellos ven a Jesús.

¡Mira a Jesús!

Ron ron

Marcos 6:32–44
Jesús alimenta a los 5.000

Un niño pequeño no entiende conceptos de tiempo y espacio. Por eso la cantidad de personas en esta historia es insignificante para alguien que tiene cinco o seis años. Todo lo que él necesita saber es que Jesús proveyó comida para mucha gente hambrienta. Cuando compartimos una historia bíblica, nos es tan fácil enredarnos en los hechos, que perdemos la enseñanza bíblica. Un niño debiera aprender de esta historia que Dios provee lo que necesitamos. Eso es lo principal. Puede que nos sorprendamos de cómo Dios lo hace, y en qué momento, pero podemos confiar que así como Dios cuidó a su pueblo hace mucho tiempo atrás, así lo hace hoy también.

Lista de palabras

❑ a
❑ la
❑ le
❑ dio
❑ hay
❑ los
❑ por
❑ ron
❑ aquí
❑ dice

❑ dijo
❑ está
❑ comer
❑ dando
❑ desea
❑ gente
❑ Jesús
❑ mucha
❑ comida
❑ gruñen

❑ hambre
❑ escucha
❑ gracias
❑ tenemos
❑ estómagos

Aquí hay mucha gente.

Aquí está Jesús.

La gente escucha a Jesús.

Mucha gente escucha a Jesús.
A la gente le está dando hambre.

Ron, ron; los estómagos gruñen.

La gente dice: “Comida, comida.”

Ron, ron; los estómagos gruñen.
La gente dice: “Tenemos hambre.”

Ron, ron; los estómagos gruñen.

Jesús dijo: “La gente desea comer.”

“Aquí hay comida”, dijo la gente.

Jesús dijo: “Aquí hay mucha,
mucha gente.”

Ron, ron; los estómagos gruñen.

Jesús dijo: "Aquí hay comida."

La gente dijo: “Aquí hay comida.”

“Gracias por la comida”, dijo la gente.

Mucha, mucha gente
dio gracias a Jesús.

¿Quién ayudará?

Lucas 10:25–37 El buen samaritano

Asumimos que cuando le decimos a un niño que sea gentil con su hermano, él sabe lo que es ser gentil. Pero un niño recién lo entiende cuando la palabra está ligada a la acción. Por eso *mostramos* lo que la palabra significa: Ponemos una venda en la rodilla de alguien. El significado de compasión tiene sentido para un niño no sólo cuando nos observa a nosotros siendo compasivos, sino cuando él mismo lo es. Cuando le decimos: "Ayudémosle al vecino a juntar las hojas", el niño practica la misma compasión de corazón que mostró el buen samaritano.

Lista de palabras

- ❑ y
- ❑ el
- ❑ él
- ❑ lo
- ❑ me
- ❑ no
- ❑ oh
- ❑ se
- ❑ un
- ❑ yo
- ❑ fue
- ❑ por
- ❑ anda
- ❑ dijo
- ❑ adiós
- ❑ andar
- ❑ puedo
- ❑ quién
- ❑ venga
- ❑ venía
- ❑ camina
- ❑ camino
- ❑ hombre
- ❑ pronto
- ❑ ayudará

“¡Adiós!”, dijo el hombre.
“Regresaré pronto.”

Camina, camina y camina.
El hombre se fue por el camino.

El hombre dijo: "¡Oh!"

"¡Oh, no!", dijo el hombre.

“¡Oh, no! ¿Quién me ayudará?”

“No puedo andar.”

“No puedo andar por el camino.”

Camina, camina y camina.
Un hombre venía por el camino.
"¡Ayúdeme!", dijo el hombre.
"Venga y ayúdeme."

El hombre dijo:
“Yo no puedo ayudarlo.”
Y se fue por el camino.

"¡Oh, no!", dijo el hombre.
"¿Quién me ayudará?"

Camina, camina y camina.
Un hombre venía por el camino.
"¡Ayúdeme!", dijo el hombre.
"Venga y ayúdeme."

El hombre dijo:
"No puedo ayudarlo."
Y se fue por el camino.

“¡Oh, no!”, dijo el hombre.
“¿Quién me ayudará?”

Camina, camina y camina.
Un hombre venía por el camino.

“¡Ayúdeme!”, dijo el hombre.
“Venga y ayúdeme.”
Él dijo: “Yo lo ayudaré.”

Camina, camina y camina.
Anda por el camino.

El hombre dijo: "¡Adiós!"
"Regresaré pronto."

¡Sientate!

Lucas 10:38–42 María y Marta

María y Marta preparaban presurosas una bienvenida para Jesús. Sin embargo, cuando la visita llegó, María reordenó sus prioridades: ella puso “aprender de Jesús” primero en la lista. Puede que ella haya notado un banco polvoriento en la cocina, pero dejó todo para sentarse a los pies de Jesús. Priorizar nuestro propio crecimiento espiritual o nutrir a un niño para que crezca junto con Jesús a veces puede perder prioridad... después de todo hay tanto para hacer. Pero si somos honestos con nosotros mismos admitiremos que la María de esta historia tenía sus prioridades claras.

Lista de palabras

- ❑ a
- ❑ y
- ❑ no
- ❑ se
- ❑ va
- ❑ acá
- ❑ ven
- ❑ aquí
- ❑ dijo
- ❑ barre
- ❑ Jesús
- ❑ María
- ❑ Marta
- ❑ sentó
- ❑ venir
- ❑ barría
- ❑ quiere
- ❑ escuchó
- ❑ sabroso

María barría. Barre, barre, barre.
Marta cocinaba. ¡Mmmm, sabroso!
María y Marta trabajaban,
trabajaban, trabajaban.

“Jesús va a venir”, dijo María.
“Jesús va a venir aquí”, dijo Marta.

María barría. Barre, barre, barre.
Marta cocinaba. ¡Mmmm, sabroso!
María y Marta trabajaban.

"Ven", dijo María.

"Jesús, Jesús", dijo Marta.

“Ven”, dijo María.
“Ven y siéntate.
Ven y siéntate aquí.”

Jesús se sentó.

María se sentó.

María escuchaba a Jesús.

Marta barría.
Barre, barre, barre.
Marta trabajaba,
trabajaba, trabajaba.

María escuchaba a Jesús.

Marta cocinaba.
¡Mmmm, sabroso!
Marta trabajaba,
trabajaba, trabajaba.

María escuchaba a Jesús.

Marta trabajaba,
trabajaba, trabajaba.

Marta se sentó.

María escuchaba a Jesús.

Marta dijo:

"María no quiere trabajar.
María no quiere venir a trabajar."

Jesús dijo: “Marta, ven acá.
Ven y siéntate.”

Marta se sentó.
Marta escuchó a Jesús.

María y Marta
escucharon a Jesús.

Vengan a Jesús

Marcos 10:13–16
Jesús bendice a los niños

Un niño experimenta el amor de Jesús a través de nosotros. Esto puede ser un pensamiento perturbador, especialmente cuando respondemos a una situación estando enojados o impacientes. Con todo, esto es verdad: un niño experimenta el amor de Jesús a través de nosotros. También es verdad que cuando abrimos nuestro corazón a los dones de Dios de gracia y perdón, experimentamos el amor de Jesús.

Lista de palabras

- ❏ a
- ❏ el
- ❏ no
- ❏ con
- ❏ los
- ❏ van
- ❏ ver
- ❏ dice
- ❏ niño
- ❏ dicen
- ❏ ¡hurra!
- ❏ Jesús
- ❏ niños
- ❏ vamos
- ❏ venir
- ❏ pueden
- ❏ vengan
- ❏ nosotros
- ❏ personas
- ❏ bendecirá

1, 2.

2 personas.

2 personas van a ver a Jesús.

El niño dice: "Vamos a ver a Jesús.
¡Hurra! ¡Hurra!"

“Vengan.
Vengan con nosotros.
Vengan con nosotros a ver a
Jesús.”

1, 2, 3, 4, 5.
5 personas.
5 personas van a ver
a Jesús.

Los niños dicen: “Vamos a ver
a Jesús.”

“Vengan.
Vengan con nosotros.
Vengan con nosotros a ver a Jesús.”

1, 2, 3, 4, 5, 6, 7.

7 personas.

7 personas van a ver a Jesús.

Los niños dicen: “Vamos a ver
a Jesús.
¡Hurra! ¡Hurra!”

"Vengan.
Vengan con nosotros a ver
a Jesús."

1, 2, 3, 4, 5, 6, 7, 8, 9, 10.

10 personas.

10 personas van a ver a Jesús.

Los niños dicen: "Vamos a ver
a Jesús.
¡Hurra! ¡Hurra!"

"Niños, ¿ven a Jesús?
¿Ven a Jesús?"

“Vengan.
Vengan con nosotros.
Jesús bendecirá a los niños.”

"No.
Los niños no pueden venir

Los niños no pueden venir a ver
a Jesús."

“Vengan.”

Muy alto, muy bajito

Lucas 19:1–10 Zaqueo

La historia de Zaqueo ofrece una oportunidad ideal para ayudar a su hijo a comparar y contrastar alturas. Sin embargo, este "hombre petiso" es sólo el punto de partida: use a su hijo como figura central en este juego de palabras. Pregúntele: "¿Quién es más alto que tú? ¿Más bajo? ¿De la misma altura?" ¿Eres más alto que una jirafa? ¿Eres más bajito que un ratón? Para contestar estas preguntas un niño debe visualizar los animales, y mentalmente compararse con ellos. Tal vez él deba hacer una pausa por un momento. Eso es bueno, porque muestra que está practicando gimnasia mental, conocida más comúnmente como "pensar".

Lista de palabras

- ❑ a
- ❑ de
- ❑ es
- ❑ la
- ❑ me
- ❑ mí
- ❑ yo
- ❑ los
- ❑ muy
- ❑ son
- ❑ soy
- ❑ ven
- ❑ veo
- ❑ ver
- ❑ alta
- ❑ dijo
- ❑ mira
- ❑ para
- ❑ verá
- ❑ altos
- ❑ cerca
- ❑ gente
- ❑ Jesús
- ❑ venir
- ❑ verme
- ❑ bajito
- ❑ quiere

Mira la gente.
La gente quiere ver a Jesús.

Zaqueo dijo:
"Yo quiero ver a Jesús.
Yo también quiero ver a Jesús."

Zaqueo dijo:
“La gente es muy alta.
Yo soy muy bajito.”

Zaqueo dijo:

"Subiré para ver.

Jesús estará cerca de mí."

Zaqueo dijo:
“La gente es muy alta.
Los animales son muy altos.
Yo soy muy bajito.”

Zaqueo dijo:
“Subiré para ver.
Jesús estará cerca de mí.”

Mira la gente.
Mira los animales.
Mira a Zaqueo.

Zaqueo dijo:
“La gente es muy alta.
Los animales son muy altos.
Los árboles son muy altos.
Yo soy muy bajito.”

"Quiero ver a Jesús.
Yo también quiero ver a Jesús."

La gente es alta.
Los animales son altos.
Los árboles son altos.

Zaqueo dijo:
"Los árboles son altos.
¡Estupendo!"

Zaqueo dijo:
“Subiré a los árboles.
Subiré a los árboles altos.”

Zaqueo dijo:
“Subiré para ver.
Jesús estará cerca de mí.”

Zaqueo dijo: “Veo a Jesús.
Veo a Jesús venir.
Jesús me verá a mí.”

Jesús dijo: "Zaqueo,
Zaqueo, ven a verme.
Ven cerca de mí."

Zaqueo dijo: "¡Estupendo!"

¡Date prisa!

Mate 21:1–11 Domingo de Ramos

A los niños les encantan los desfiles. Banderas, carrozas, bandas. Ayúdele a su hijo a captar la emoción del Domingo de Ramos representando la historia. Ponga toallas sobre el piso. Invite a su hijo a que salude con los brazos y grite: "Hosanna." Esta "representación" no necesita ser larga o sofisticada. Es más fácil para un niño recordar una historia bíblica cuando él está física y mentalmente envuelto en recontar esa historia.

Lista de palabras

- ❑ a
- ❑ al
- ❑ el
- ❑ es
- ❑ un
- ❑ ahí
- ❑ hay
- ❑ que
- ❑ ven
- ❑ date
- ❑ está
- ❑ para
- ❑ corre
- ❑ dónde
- ❑ Jesús
- ❑ prisa
- ❑ correr
- ❑ desfile
- ❑ tenemos

¡Date prisa, date prisa!

Hay un desfile.

El desfile es para Jesús.

Ven al desfile para ver a Jesús.

¡Date prisa, date prisa!

¡Corramos!

Tenemos que correr al desfile.

¿Dónde es el desfile?

¿Dónde es el desfile para Jesús?

¡Ven!

Ven al desfile.

Tenemos que apurarnos.

¡Corramos!

¿Dónde es el desfile?

¿Dónde es el desfile para Jesús?

¡Corre, corre!
¡Date prisa, date prisa!

Ven al desfile.

Ahí está el desfile.

Ahí está Jesús.

Ven a Jesús.

¿Dónde está Jesús?

Mateo 27:62–66; 28:1–9
Pascua de Resurrección

La historia de Pascua es el fundamento de la fe cristiana, pero los eventos que rodearon la resurrección de Jesús pueden ser difíciles de comunicar a los niños. Hay oscuridad, muerte, y miedo. Sin embargo, el mensaje de Pascua para un niño se puede resumir así: "Ven a ver. Ve y cuenta." Y así, le decimos a un niño: "Mira la tumba vacía. Digamos a todos que Jesús está vivo. Él está con nosotros cada día."

Lista de palabras

- ❑ a
- ❑ el
- ❑ en
- ❑ la
- ❑ no
- ❑ va
- ❑ ve
- ❑ yo
- ❑ aquí
- ❑ dijo
- ❑ está
- ❑ vive
- ❑ vivo
- ❑ decir
- ❑ digan
- ❑ dónde
- ❑ gente
- ❑ Jesús
- ❑ miedo
- ❑ temas
- ❑ tengo
- ❑ vayan
- ❑ cierra

“Jesús no está vivo.
Jesús está en el sepulcro.”

“Jesús dijo: ‘Resucitaré.’”

“La gente va a decir:

‘¿Dónde está Jesús?’ ”

“Ve.

Cierra el sepulcro."

"Empuja, empuja la piedra."

“Empuja la piedra aquí.”

El sepulcro está cerrado.

“Yo no tengo miedo.
El sepulcro está cerrado.
La gente va a decir:
‘¿Dónde está Jesús?’ ”

“Yo no tengo miedo.
Jesús no está vivo.
Jesús está en el sepulcro.”

¡La piedra!
¡La piedra!

"No temas."

"¿Dónde está Jesús?"

“Jesús dijo: ‘¡Resucitaré!’
Jesús no está aquí.”

"Jesús vive."

“¡Vayan!
Digan: ‘Jesús vive!’ ”
¡Jesús vive!

Remen la barca

Juan 21:1–11
Jesús y la pesca milagrosa

Una de las actividades favoritas en nuestra niñez era ir a pescar en familia un domingo por la tarde. Aunque usábamos cañas de pescar, veíamos a los pescadores con sus barcas y sus redes de diferentes formas y tamaños. Recuerde con su hijo alguna salida de pesca con su familia. Es importante relacionar la historia bíblica con experiencias diarias. Eso le ayudará a su hijo a conectar mentalmente la historia bíblica y al mismo tiempo desarrollar sus habilidades cerebrales.

Lista de palabras

- ❑ a
- ❑ el
- ❑ en
- ❑ la
- ❑ no
- ❑ hay
- ❑ los
- ❑ red
- ❑ aquí
- ❑ dijo
- ❑ bajen
- ❑ barca
- ❑ Jesús
- ❑ miren
- ❑ remar
- ❑ remen
- ❑ peces
- ❑ vamos
- ❑ hombre
- ❑ pescar
- ❑ pesquen
- ❑ pescados

El hombre dijo:

“Vamos a pescar.”

El hombre dijo:
"Vamos a remar la barca."

Remen, remen, remen la barca.

El hombre dijo:
"Vamos a pescar aquí.
Bajen la red.
Bajen la red aquí."

El hombre dijo:
"Aquí no hay pescados.
Miren. No hay pescados.
No hay pescados en la red."

Remen, remen,
remen la barca.

El hombre dijo:
“Vamos a pescar aquí.
Bajen la red.
Bajen la red aquí.”

El hombre dijo:
“No hay pescados.
Miren.
No hay pescados.
No hay pescados en la red.”

El hombre dijo: “Miren.
Miren los peces.”
Remen, remen, remen la barca.

El hombre dijo: “Bajen la red.
Bajen la red aquí.”

El hombre dijo:
“No hay pescados.
Miren. No hay pescados.
No hay pescados en la red.”

Jesús dijo: “Pesquen aquí.”

Remen, remen, remen la barca.

Jesús dijo: “Bajen la red.”

“Bajen la red aquí.”

El hombre dijo: “¡Miren!
¡Miren los pescados!”